AF563722

Troisième Année N° 7

Abonnement Germinal

paraissant au moins une fois par mois

L'AFFAIRE DE LOURDES

Les réformes dans les hôpitaux

Discours prononcé au Conseil Communal d'Anvers

PAR LE

Dr M. TERWAGNE

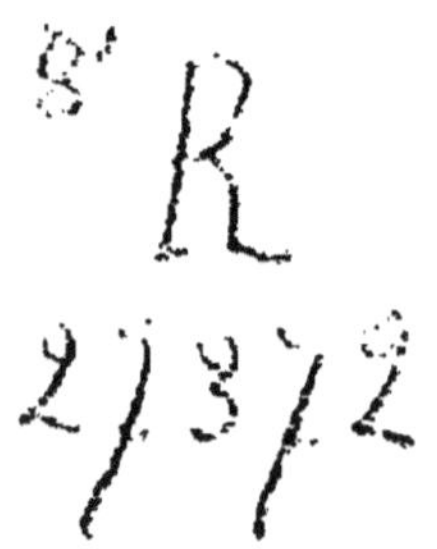

GAND

SOCIÉTÉ COOPÉRATIVE « VOLKSDRUKKERIJ », RUE HAUTPORT, 29

1906

L'AFFAIRE DE LOURDES

M. TERWAGNE. Messieurs, dans différents journaux, j'ai lu un articulet dans le genre de celui-ci :

On parle en ville d'un pèlerinage que fait actuellement à Lourdes une jeune pensionnaire de notre orphelinat civil.

Cette jeune fille, agée d'environ 20 ans, est depuis plus d'un an en traitement, d'abord à l'hopital de Stuyvenberg et dans les derniers temps à l'hopital St-Elisabeth.

Elle est atteinte d'une maladie nerveuse qui est restée rebelle à tous les traitements essayés.

Des dames qui ont l'habitude de visiter les malades de l'hopital lui inculquèrent l'idée qu'un pèlerinage à Lourdes pourrait lui procurer la guérison. Après l'avoir convaincue, ces dames s'adressèrent à l'administration des hospices pour lui demander l'autorisation de laisser partir l'orpheline en pèlerinage à leurs frais et sous leur responsabilité.

Les médecins traitants estimèrent que ce moyen de guérison pouvait être tenté ; ils se trouvaient devant un cas de nervosité hystérique qui, rebelle à d'autres traitements, pouvait être guéri par la suggestion née du spectacle religueux auquel le pèlerinage à Lourdes ferait assister la jeune malade. Eux-mêmes participèrent aux frais occasionnés par ce déplacement.

Le conseil des hospices, tuteur de l'orpheline, devait donner son autorisation au voyage. Trois membres du conseil s'inclinèrent devant l'avis des médecins, deux votèrent contre l'autorisation sollicitée.

Cela se trouve dans le *Nouveau Précurseur*. L'articulet se termine par ceci :

Depuis que le conseil des hospices a pris cette décision, un de ses membres, M. Kreglinger, a donné sa démission, parce que ses nombreuses occupations ne lui permettent plus de consacrer à cette administration le temps nécessaire.

Un administrateur des Hospices donne donc sa démission. Je sais très bien que la raison officiellement donnée de cette démission est que cet administrateur ne trouve plus le temps nécessaire, trop tenu qu'il est par ses affaires personelles. Cependant, en voyant dans le journal cette communication et, un peu plus haut, la nouvelle qu'une orpheline avait été autorisée par le Conseil des Hospices à se rendre à Lourdes, je me suis demandé comme tout le monde, si entre les deux faits, il n'y avait pas quelque rapport de cause à effet.

Je crois qu'il faut encore tenir compte d'un autre fait : dans une même séance de la Commission administrative, il avait encore été décidé de donner au nouvel asile d'aliénés un personnel religieux.

Or, le jour même où l'administration prend ces deux décisions, un des administrateurs donne sa démission. Je suis donc en droit de présumer qu'entre ces trois faits, il existe une corrélation. Et je le suis d'autant plus que l'administrateur en question ne cache pas que ces deux décisions ont été les gouttes d'eau qui ont fait déborder le vase. Par un sentiment de délicatesse, outrée il est vrai, il n'a pas fait part à ses collègues des causes réelles de sa détermination; mais le fait est connu et d'ailleurs il n'est pas contesté.

J'ai à demander au Collège s'il avait connaissance de ce qui s'était passé aux Hospices et notamment : 1° de la décision relative à l'envoi d'une orpheline à Lourdes ; 2° de la tentative faite par la Commission administrative pour confier à des religieuses le service des aliniés qui n'avait jamais eu qu'un personnel laïc antérieurement et pour installer des religieuses au nouvel hôpital pour maladies infectieuses à créer au Kiel.

Je me suis adressé au Collège parce que l'article 91 de la loi communale dit ceci:

« Le Collège des Bourgmestre et Echevins a la surveillance des hospices, bureaux de bienfaisance et monts-de-piété. Il fera part au Conseil des abus qu'il y aura constaté».

J'ai donc l'honneur de demander au Collège et spécialement à M. l'échevin Desguin si réellement il y a des abus qui se commettent à l'administration des Hospices et quelles mesures le Collège a déjà prises ou compte prendre dans l'avenir.

Je sais que l'administration des Hospices s'est même réunie sans savoir préalablement qu'il était question d'envoyer une orpheline à Lourdes et qu'on a dû envisager la question sans avoir pu préalablement réfléchir.

Sur cette dernière question l'administration avait reçu un rapport du chef de service de l'hôpital où se trouvait la jeune fille; mais on n'a pas eu le temps de s'éclairer, et mieux que cela, un administrateur a soumis au Conseil la question de savoir s'il ne serait pas utile de demander conseil et avis à la réunion des chefs de service des hôpitaux. La demande de cet administrateur a été rejetée; il n'y avait d'ailleurs plus que deux jours avant le pèlerinage ! Quand on est venu parler au

Conseil des Hospices de l'autorisation d'envoyer une orpheline à Lourdes, tout était déjà arrangé: on avait décidé la jeune fille, on avait réuni l'argent nécessaire, on avait même fait une collecte dans les salles de l'hôpital pour qu'on pût donner quelques sous à la jeune fille pendant le pèlerinage et l'on s'était cotisé pour lui permettre de s'acheter quelques petites choses, des cartes-postales, etc. *(Interruptions à droite.)* Si petite que soit la cotisation acceptée des malades, ce sont des choses qu'il ne faut pas tolérer, car les malheureux se croient obliger de donner et l'on aggrave ainsi leur dénuement.

Je veux examiner l'attitude de l'administration des Hospices dans cette affaire.

Je ne veux pas discuter ici la question médicale ; elle est discutable et franchement, je comprends que des personnes qui ne sont pas au courant, qui ne sont pas dans la vie médicale, se disent : « il y a là à Lourdes moyen de guérir quelqu'un ; ce serait inhumain que de refuser de laisser employer ce moyen. » Et certainement on ne manquera pas d'exploiter contre nous ce sentiment très compréhensible.

Mais cependant le Conseil communal, tout en n'étant pas composé de médecins, doit pouvoir se rendre compte du bien-fondé de la décision des Hospices; il surveille les Hospices qui, dans l'espèce, représente le père de la jeune fille.

Je ne veux pas ici citer le nom de la jeune fille, comme l'ont fait avec assez de désinvolture les journaux catholiques, les journaux de Lourdes et même certaines personnes appartenant au personnel des Hospices: je trouve qu'il est déjà assez malheureux d'être orpheline et tarée physiquement, sans se voir exposée au surplus à être disséquée en public.

Cette jeune fille avait été en traitement à l'hôpital de Stuyvenberg pendant un an; de là elle avait été transportée à l'hôpital Sainte-Elisabeth, où on la traitait pour une paralysie des membres inférieurs. Les médecins croyaient tout d'abord à la carie, à la tuberculose des vertèbres. Voyant qu'il n'y avait pas formation d'abcès froids, ce n'est qu'à la longue qu'on a pu se douter qu'il s'agissait d'une affection nerveuse, de manifestations hystériques.

On a dit que les médecins de l'hôpital avaient conseillé une cure à Lourdes; je ne sais pas si c'est vrai, si le fait est exact je n'ai pas à juger ici des confrères avec qui j'ai d'ailleurs depuis toujours des relations très cordiales et qui sont de mes anciens camarades d'études. Ils ont agi en pleine liberté: c'est affaire à régler entre leur science et leur conscience.

Mais, pour ma part, je ne puis non plus cacher ma conviction surtout parce que l'intérêt public est en jeu: je me considérerais, si j'avais recours à la suggestion par des pratiques religieuses, comme coupable de trahison envers la science. *(Bruit.)* Oui, Messieurs, je répète le mot : trahison envers la science et suis prêt à le dire devant tous les médecins comme je l'ai dit d'ailleurs à l'un des praticiens en cause.

M. HENDERICKX.— Vous auriez donc préféré laissez mourir la malade? *(Nombreuses exclamations.)*

M. Terwagne. — Je dis que si l'on veut guérir au moyen de la suggestion, on s'adresse d'abord aux moyens qui sont à la disposition des médecins, on a recours à des spécialistes ; et j'ai demandé si, dans le cas de cette jeune fille, on avait essayé ces moyens ; on m'a répondu négativement : voià la faute !

M. Venesoen. — Elle a été traitée par un spécialiste.

M. Terwagne. — Elle a été traitée par un spécialiste, par le Dr Sano, qui est un spécialiste éminent pour les maladies nerveuses, mais qui ne s'occupe pas directement et spécialement de suggestion.

J'ai donc demandé pourquoi,au lieu de recourir à Lourdes, on ne s'adressait pas à un spécialiste de Paris ou de Nancy, ou même de Bruxelles ou de Liège,car vous savez,Messieurs,que nous avons dans notre pays aussi, des hommes éminents qui s'occupent spécialement de cette branche de la science. On m'a répondu qu'on n'y avait pas songé.

La jeune fille est donc partie pour Lourdes ; elle en est revenue avec suppression d'un phénomène de sa maladie, de la paralysie hystérique des membres inférieurs. Je dis : avec suppression d'un phénomène, de la paralysie, et non pas de la maladie elle même, car la paralysie n'est qu'un simple symptôme de sa maladie.

Maisce symptôme, chez cette jeune fille, n'avait pas attendu la miraculeuse intervention de Notre-Dame de Lourdes pour disparaître : antérieurement déjà il avait disparu même à différentes reprises et une fois, entre autres, d'une façon assez curieuse.

Se trouvant à l'hôpital dans son lit, paralysée, la fille avait eu des raisons d'en vouloir à une sœur : soudain, sous le coup d'une violante irritation, elle s'était levée de son lit et avait infligé à la sœur ce qu'on appelle vulgairement une tripotée. *(Rires.)* Je ne sais pas si c'était l'effet d'un miracle : c'était peut-être bien l'influence du diable ! *(Hilarité.)*

M. Rijckmans. — Cela ne se trouve pas dans le certificat ; le certificat dit tout le contraire.

M. Terwagne. — Dans le certificat de qui ?

M. Rijckmans. — Direz-vous qu'il dit faut ?

Je vous demande où il est dit que la jeune fille a été donner une tripotée à une sœur ?

M. Terwagne. — Je vous le dirai, car moi aussi j'ai fait une enquête et je me suis adressé aux médecins et à ceux qui ont connu la jeune fille à l'hôpital. Je tiens ce renseignement du personnel des Hospices et je tiens du médecin chef de service lui-même que la jeune fille a dû être punie pour insubordination.

M. le President. Même à l'école.

M. Terwagne. — Elle a été renvoyée à différentes reprises et l'on a dû la changer de salle et d'hôpital. C'est même ce qui a motivé son transfert de Stuyvenberg à Ste-Elisabeth.

Du fait que je viens de relater, il faudrait donc conclure que lorsque le diable agit, il agit bien plus fortement que Notre-Dame de Lourdes, car si celle-ci met en mouvement les jambes, le diable, lui, met en mouvement les jambes et délie les bras en même temps. *(Hilarité prolongée. Exclamations).*

M. Ryckmans. — Vous affirmez sans prouver.

M. Coremans. — C'est la servante qui lui a dit ! *(Rires).*

M. Terwagne. — Si M. Rijckmans veut faire une enquête et voter l'enquête avec nous, nous saurons bientôt ce qui se passe à l'hôpital ; mais je crois que si nous proposions cette enquête, vous trouveriez moyen de vous soustraire.

M. Rijckmans. — Nous sommes prêts à la faire tout de suite !

M. Venesoen. — Aussi bien que jadis !

M. Rijckmans. — Mais je n'accorde aucun crédit aux enquêtes que vous êtes seul à faire ; vos enquêtes n'ont de valeur pour moi que lorsque j'y assiste.

M. Coremans. — C'est auprès des femmes à journée qu'il prend ses renseignements ! (Rires).—

M. le Président. — Je prie les membre de ne plus interrompre.

M. Terwagne. — Cette fille donc, qui avait paraît-il, vraiment le diable dans le corps, avait même été placée aux environs de Tirlemont : elle fut toujours pour la même cause d'insubordination transportée dans un hôpital.

Je me suis demandé aussi comment il était possible qu'une jeune fille élevée à l'orphelinat eût reçu une éducation de couvent caractérisée au point qu'on dût songer à recourir à la suggestion religieuse pour guérir sa maladie nerveuse. Et ici nous pouvons demander des comptes aux Hospices : que fait-on des enfants de la classe ouvrière, de nos pauvres orphelines et orphelins? Des crétins? (*Bruit.*)

Je sais qu'on dit beaucoup de prières dans certains établissements; je sais que dans des orphelinats, dont le parti libéral croit devoir être fier, il y a beaucoup de filles auxquelles on réussit à faire accepter la vie religieuse. J'espère bien que le Collège s'est déjà inquiété de la situation sous ce rapport.

Mais à propos de suggestion à l'hôpital, voulez-vous avoir une idée de la façon dont le personnel religieux accueille les méthodes scientifiques? En 1906, on incite une jeune fille, on l'aide à se rendre à Lourdes pour y prier la Sainte-Vierge de la débarrasser de ses maux; mais en 1887 c'est tout autre chose. J'étais interne en médecine et je m'étais mis à étudier les phénomènes de l'hypnotisme. J'en avais parlé à mon ancien chef de service. Un jour entre à l'hôpital une jeune fille atteinte de paralysie le mal s'était déclaré à la suite d'une violente émotion, d'une frayeur éprouvée par la jeune fille au moment où sur un bateau, une lampe renversée avait provoqué un petit incendie. A l'hôpital, le chef de service commissionna son interne: « dites à Terwagne qu'il peut venir s'exercer à guérir au moyen de la suggestion.» — Je soumis la jeune fille à un traitement pendant quelque temps et je réussis à faire disparaître la paralysie.

Un membre (*à droite*). — Les compliments de Notre-Dame de Lourdes!

M. Terwagne. — Oh! Notre-Dame de Lourdes ne fait plus que des miracles sur commande, sur l'ordre des médecins ! Elle a dû ravaler ses prétentions !

La jeune fille que je traitais, commençait donc à marcher. A un moment donné, on me dit : le chef de service a demandé de ne plus continuer l'expérience. Je cessai.

Quelques mois après, j'étais établi médecin et la jeune fille, qui était à ce moment demoiselle de magasin, vint me voir et me dit : Monsieur, vous ignorez peut-être pourquoi on vous a dit de cesser le traitement, mais à l'hopital, les sœurs ont été prise d'épouvante devant votre méthode, elles vous considéraient comme un diable (Hilarité) et me défendaient de vous regarder. C'est à la demande des sœurs que le chef vous a fait prier de cesser. (*Exclamations.*)

A l'hôpital d'Anvers donc, lorsqu'on applique une méthode scientifique, on vous le défend parce que la méthode inspire des terreurs aux religieuses ! Mais quand il s'agit d'obtenir un miracle, les sœurs, le personnel et l'administration — tout cela se démène, s'empresse et court pour aider à envoyer la malade à la piscine de Lourdes !

Eh bien, Messieurs, il y a un véritable danger dans tout ceci : un danger pour la jeune fille comme pour tous les malades et aussi un danger social.

Le danger pour la jeune fille, les médecins ne l'ignorent pas, car c'est un médecin traitant qui m'a dit : cette jeune fille, désormais, est évidemment pour le restant de ses jours vouée au crétinisme... (*Exclamations à droite.*) Evidemment...

On ne la lâchera plus, celle-là ! Songez donc : une miraculée !

M. Henderickx. — Vous préféreriez donc laisser mourir la malade que permettre de l'envoyer à Lourdes ! *(Applaudissements à droite.)*

M. Terwagne. — Aller à Lourdes, c'est risquer de s'attirer quelque maladie dégoûtante dans une piscine immonde. Avez-vous oublié ce qui est arriver à certaine demoiselle de la ville, qui a attrapé la fièvre typhoïde et est morte en route ?

M. Rijckmans. — C'est dans un grand hôtel de Paris qu'elles ont contracté la maladie !

M. Terwagne. — La fièvre typhoïde ne se gagne pas du jour au lendemain ! C'est à Lourdes que l'invasion du mal s'est produite.

M. Henderickx. — L'attitude de M. Terwagne est vraiment le summum du fanatisme ! *(Applaudissements à droite, bruit prolongé.)*

M. Terwagne. — Je me demande si le fanatique n'est pas celui qui trempe les malades dans la même piscine immonde où l'on a lavé des plaies, dégoûtantes des ulcères purulents et où sont rassemblés les germes de toutes les maladies, *(Protestations à droite, violentes exclamations)* si ce n'est pas celui qui va se prosterner devant une statue..

M. Henderickx. — Le fanatique est celui qui regrette que cette enfant ait été guérie ! *(Rires et marques d'approbations à droite.)*

M. Franck. — Elle n'est pas guérie !

M. Terwagne. — La jeune fille n'est pas précisément guérie : elle a, dit-on, gagné une entorse. —

— Vous n'allez pas m'accuser, j'espère, de ne pas désirer la guérison de cette jeune fille, moi dont c'est le métier de guérir ! Ce serait une mauvaise réclame que vous me feriez ! *(Rires.)*

Je dis que le danger, pour la jeune fille, c'est qu'elle est vouée désormais au crétinisme : on a fermé devant elle la voie de l'émancipation *(Protestations à droite)* et jamais je ne souscrirai, comme médecin, à une mesure qui a pour effet d'enmurer le malade et de lui fermer à tout jamais la voie du salut, de la guérison intégrale. Car, je le démontrerai, cette jeune fille eût pû être guérie par d'autres moyens qui eux ne mettaient pas en péril son existence ultérieure comme être pensant.

Un autre danger qui résulte des pratiques en honneur à l'hôpital est un danger plus général, un vrai danger social.

Déjà, dans nos hôpitaux, on fait de la réclame pour Lourdes, car ce n'est pas seulement le *Journal de la Grotte* qui raconte la guérison miraculeuse en donnant le nom, le domicile, l'âge, la maladie de la jeune fille. Dans nos hôpitaux même on fait de la réclame en faveur de Notre-Dame de Lourdes et déjà plusieurs des pensionnaires sont partis à Lourdes pour se faire guérir ; mais pour eux le miracle n'a pas réussi et on n'en parle pas.

A l'hôpital Stuyvenberg une sœur s'adressant à un médecin a dit : « nous avons une malade qui va à Lourdes et à Ste-Elisabeth les médecins ont donné cent sous pour couvrir les frais de voyage. » C'était bien une invitation au médecin de Stuyvenberg pour donner également son obole.

Voici un autre cas... c'est une vraie épidémie, comme vous le voyez !

A Stuyvenberg, il y avait un homme opéré d'un empyème, à qui l'on avait enlevé une portion de la paroi thoracique, de façon que le poumon était pour ainsi dire à nu ; c'était une plaie affreuse et qui suppurait. On a demandé au médecin des renseignements au sujet de la possibilité de transporter le malade, des soins à lui donner en route. Cet homme a été transporté à Lourdes ; et alors que es Hospices d'Anvers dépensent des milliers et des milliers de francs par an pour obtenir la parfaite aseptie des salles d'opération,alors qu'on ne regarde à rien en frais de pansements pour opérer proprement et s'assurer outes les chances de guérison des opérés, on fait faire à cet homme, dont la paie suppure encore, un long voyage et on le tremble dans une piscine souillée par l'innombrables autres plaies. *(Protestations à droite.)* Cela n'est passé pendant le pélerinage dont faisait partie la jeune fille qu'on dit guérie par miracle ; si l'administration des Hospices continue comme ça, elle devra avoir un commis spécial pour accompagner les pèlerins !

M. HENDERICKX. — Les malades traités à l'hôpital, ne sont-ils pas libres de se rendre à Lourdes quand ils le désirent ?

M. TERWAGNE. — Je veux laisser à chacun sa liberté...

M. HENDERICKX. — On ne le dirait pas !

M. TERWAGNE. — Ne vous mettez donc pas tant en colère ! *(Rires.)*

M. LE PRÉSIDENT. — Veuillez continuer M. Terwagne, mais veuillez aussi ne pas interpeller les membres du Conseil.

M. Terwagne. — Ce sont eux qui m'interpellent. Un autre malade de nos hôpitaux encore, une rhumatisante, est allée à Lourdes par la même occasion, et est revenue bredouille.

L'administration des Hospices devrait bien se préoccuper de la façon dont on décide ces gens à se rendre à Lourdes et ne pas permettre qu'on fasse du miracle une réclame : la jeune fille qu'on prétend guérie n'a pas seulement pour maladie d'être paralysée des jambes ; avec cette paralysie n'a disparu qu'un symptôme de sa maladie. Elle n'est pas guérie de son affection générale. En effet cette fille est une tarée héréditaire sans doute, manifestement atteinte d'infériorité mentale, et dont le système nerveux, tout entier demandait à être régénéré. Sa paralysie n'était qu'un accident de son état général.

Et maintenant, qu'eut-il fallu faire ?

Voilà une malade en état d'infériorité vis-à-vis des autres jeunes filles de son âge ; elle va devoir se créer un position, entrer dans la vie sans autres ressources que ses propres forces,— car elle atteint l'âge où l'orphelinat ne peut plus la garder ; cependant l'avenir ne lui sourit pas ; aussi est-elle prête à écouter tous ceux qui lui feront entrevoir une amelioration. C'est un traitement général qu'on aurait dû entreprendre, on aurait dû assurer son avenir, chasser d'elle l'inquiétude, au lieu d'agir sur son esprit par le merveilleux et le surnaturel. Il y avait là une situation sociale à résoudre car c'est au milieu de cette incohérence nerveuse, sur ce terrain mal préparé qu'ont éclaté les manifestations maladives.

Beaucoup de guérisons hypnotiques sont d'ailleurs dangereuses, d'après l'opinion des médecins. Elles ne sont ni efficaces ni générales, et peuvent avoir des conséquences désastreuses dans les organismes en évolution. Dans le cas qui nous occupe on s'est contenté de la disparition d'un symptôme de la maladie ; or faire disparaître un symptôme, c'est perdre son temps.

M. Venesoen. — Cela est inexact ; la guérison totale peut se faire.

M. Terwagne. — Vous avouez donc que c'est atteler la charrue avant les bœufs.

Ce qui est la vérité, c'est qu'il n'y a pas de miracle du tout.

Prétendez-vous qu'il y ait eu miracle ?

M. Venesoen. — Pas le moins du monde ! *(Rires et applaudissements à gauche. Cris : «Bravo !» Bruit prolongé.)*—Bien entendu dans le cas actuel.

M. Broelinckx. — M. Venesoen ne prétend pas qu'il s'est produit un miracle mais il ne dit pas non plus qu'il n'y en a pas eu. C'est l'Eglise qui en décide après un examen très approfondi.

Un membre *à gauche*. Quand vous serez malade, vous n'irez donc pas à Lourdes.

M. Venesoen.— L'autorité ecllésiastique ne prétend pas non plus qu'il a eu miracle !

A gauche. — Mais elle permet d'exploiter le miracle !

M. Henderickx. — Tous ces cris n'empêchent pas que la jeune fille soit revenue guérie et c'est là le point principal.

M. Terwagne. — Les autorités écclésiastiques, nous dit M. Venesoen, ne prétendent pas qu'il y ait eu miracle. Et mon honorable collègue Venesoen, lui aussi, dit qu'il n' a pas miracle. Très bien ! M. Venesoen est un homme de bonne foi !

M. Broelinckx. — M. le docteur Venesoen n'a pas dit cela. *(Nombreuses exclamations.)*

M. le Président. — Messieurs, si l'on interrompt continuellement, je devrai suspendre la séance.

M. Terwagne. — Tous mes collègues de la droite croient donc que l'autorité ecclésiastique ne considère pas la guérison de cette jeune fille comme un miracle.

Il y a cependant comme vous le savez, un cabinet de constatations à Lourdes, où l'on constate et tient note des guérisons miraculeuses. Quand un médecin vient là et reconnait les affections guéries, il se dit : c'est cela, ce sont de faux miraculés, que la suggestion a guéris.

Mais j'ai ici *Le Journal de la Grotte*, contenant un article dans lequel on publie les résultats favorables des prières et spécialement le résultat du pèlerinage Anversois. On y dit beaucoup de bien des Anversois ; on dit entre autres qu'ils chantent bien, *(rires,)* mais il est significatif que chaque fois que de bureau des constatations relate une guérison, on a soin de faire suivre l'article de la mention : « publié sous les réserves habituelles. »

Voici l'article :

Extrait du journal de la grotte de Lourdes, publié par les chapelains du sanctuaire.

Mademoiselle Maria-Julia Cools, de l'hopital Ste-Elisabeth d'Anvers, agée de 19 ans, a été élevée à l'Orphelinat d'Anvers depuis l'age de 9 ans. Ses parents sont morts des suites d'affections tuberculeuses....

L'état de cette jeune fille a commencé à s'améliorer à Lourdes, au deuxième bain de piscine. Les douleurs de la colonne vertébrale, jusque là constantes, ont disparu brusquement, mais la paralysie des membres inférieurs ne c'est dissipée qu'à la quatrième immersion. Mlle Cools a marché depuis ce moment : elle a fait ses premiers pas, soutenue par deux personnes, et peu de temps après, elle a pu marcher seule. Les jambes ont repris leurs fonctions d'une manière progressive, mais constante. L'appétit est redevenu normal, les vomissements ont cessé et les forces sont revenues à vue d'oeil.

Je dis donc que, si les hommes de bonne foi du parti catholique affirment que dans le cas qui nous occupe, il ne faut pas voir de miracle, il faut cependant avouer qu'on spécule sur ce fait de nature à impressionner la masse et qu'ainsi on amènera celle-ci à se détourner des vrais moyens scientifique de guérison.

J'ai ici l'avis du Dr Halma, chirurgien, chef de l'Hotel-Dieu d'Orléans. Vous verrez qu'il est de l'avis de mon collègue Venesoen :

Il est certain que, s'il existe réellement quelques rares cas de guérisons dites miraculeuses, l'explication en a été donnée maintes fois par la science. Il s'agit toujours de troubles nerveux qu'un traitement bien dirigé et convenablement suivi aurait certainement fait disparaitre.

A coté de ces faits, jamais je n'ai vu relater un seul cas de membre amputé qui aurait repoussé. Par contre, je connais des malades dont l'état a été aggravé par le pèlerinage. Cela tient plusieurs causes. D'abord à la maladie elle-même qui, étant incurable, supporte mal les fatigues d'un long et pénible voyage, fait dans des conditions de confort en général insuffisant.

Ensuite à l'état de dépression nerveuse d'autant plus considérable qu'elle suit un état de surexcitation causée par le desir ardent de guérir et que cette guérison si ardemment espérée ne s'est pas produite.

Je ne parle pas naturellement des malades morts pendant le voyage à l'aller ou au retour, mais de ceux qui meurent quelques jours ou quelques semaines après.

Il est certainement odieux de penser que des malades atteints d'affections graves du coeur, des poumons, des reins, sont, contre toute espèce de raison, plongée dans une piscine d'eau glacée.

Ce qui me surprend, et c'est là le seul caractère miraculeux que je reconnais à ces pratiques, c'est qu'il n'y ait plus souvent d'accidents mortels pendant l'immersion. A plusieurs reprises, un grand nombre de médecins ont protesté. Il est, du reste, extraordinaire que les pères qui exploitent Lourdes soient autorisés à faire de la médecine, alors que la loi interdit l'exercice illégal, et qu'elle empêche un rebouteur de remettre tant bien que mal une luxation, souvent plutot mal que bien, ce qui est blamable, il est vrai, mais, en somme, ne fait pas courir de danger au patient. Or, les pères, en plongeant des malheureux débilités dans l'eau froide, leur font courir d'abord un danger immédiat, aggravent certainement leur maladie et en précipitent l'issue fatale.

Que dire, enfin, de cette pratique monstrueuse au point de vue de l'hygiène qui laisse baigner successivements dans la même eau rarement renouvelée des malades atteints de plaies suppurantes ou de cancers ulcérés et sordides.

Si un établissement de bains ou une station thermale étaient soupçonné de pareille incurie, ils seraient immédiatement fermés par la police pour cause d'insalubrité et de mauvaise tenue.

Je ne crois pas, du reste, que le transfert des malades à travers la France puisse constituer un danger public, sauf pourtant celui des tuberculeux : les maladies dont on espère se guerir à Lourdes, en dehors de la tuberculose, ne sont point transmissibles.

Il est certain que les pélerins tuberculeux qu'on

entasse dans des wagons doivent les contaminer. Les Compagnies de chemins de fer sont-elles mises dans l'obligation de désinfecter ensuite leur matériel ? Je l'ignore. En résumé, Lourdes n'est pas médicalement un bienfait. Ce que j'ai dit précédemment me parait prouver qu'il est un danger.

Il n'y a pas plus de deux jours, je me trouvais avec le Dr Lecocq, de Wasmes, qui a été à Lourdes. Il me dit : « Nous y avons conversé avec le médecin du bureau des constatations, qui avouait souvent qu'il n'y a pas miracle ; parmi les guérisons enrégistrées, il y avait celle d'un homme qui avait été victime d'un accident de chemin de fer et qui était atteint de tremblement nerveux d'origine traumatique. Cet homme avait été indemnisé d'une somme assez rondelette. Lourdes l'avait guéri. Nous posâmes la question que voici : depuis combien de temps le sinistre était-il réglé lorsque la guérison s'est produit ? — Il y avait tout juste huit jours qu'il était réglé. » *(Hilarité.)*

Des cas de ce genre se rencontrent d'ailleurs souvent et nous n'avons pas même besoin d'aller à Lourdes pour en trouver.

La Laïcisation

Je passe au deuxième point que je désire traiter, à la question *de la laïcisation des hôpitaux.*

Nous nous en sommes déjà ocupés une première fois, en 1900, quand nous sommes arrivés au Conseil communal. Il s'agissait alors d'ériger l'hospice Joostens à Brecht. Je disais à cette époque : servez-vous de laïques, faites-le à titre d'essai. Le Conseil communal nous a écouté et tous les libéraux, sauf un seul, M. Van der Molen, ont voté avec les socialistes.

Eh bien, j'ai eu la curiosité de demander quels sont les résultats de l'expérience et je ne sais pas s'il est également venu à l'idée des administrateurs des hospices d'interroger le personnel de Brecht pour savoir si là le service laïc avait bien marché. J'ai fait ma petite enquête et d'après elle, je puis affirmer que le résultat est excellent. Vous n'aurez d'ailleurs pas difficile à contrôler ce que je dis. Le service laïc y marche très bien ; il paraît aussi que les malades se sentent plus libres, sont moins hypocrites et que leur franchise permet de combattre certains abus.

Cependant, j'ai appris — ceci pour vous dire qu'il faut toujours avoir l'œil ouvert sur les intrigues de cléricalisme — que, malgré que vous avez décrété que le service de l'hospice serait fait par des laïcs, on tente sous main de faire revenir sur cette décision et d'amener des religieuses à l'hospice. Le curé a dit au directeur : « Eh bien, M. le Directeur, il paraît donc que nous allons avoir des religieuses à l'hospice de Brecht. » Et comme le directeur disait qu'il n'en savait rien, le curé ajouta qu'il tenait la nouvelle de bonne pari, « uit goede bron ».

Nous ne savons pas jusqu'à quel point ce renseignement est exact, mais s'il est question d'introduire, contrairement à la décision prise, des religieuses à l'hospice Joostens, je prie l'administration des Hospices de nous le dire.

L'expérience est donc faite à Anvers ; nous avons

déjà plusieurs services hospitaliers laïcs : le service ophtalmique, celui des accouchements, celui des maladies vénériennes. En ce qui concerne le service des aliénés, il a toujours été laïc en j'espère que l'administration des Hospices reviendra sur sa décision et accèdera aux désirs du médecin en chef, le Dr Sano, qui n'est pas le premier venu.

M. LE PRÉSIDENT. — C'est fait.

M. TERWAGNE. — J'espère que pour desservir le nouvel hospice pour maladies contagieuses, on s'adressera à des laïcs. Nous avons d'ailleurs une école d'infirmiers laïcs, qui a fonctionné admirablement grâce au dévouement des médecins-professeurs — et à cette occasion, je suis heureux de rendre hommage aux Drs Sano, Moens, Pierre et Cavenaille. On a commencé aussi à établir l'enseignement obligatoire à l'hôpital ; on a même été jusqu'à donner des leçons pour les religieuses au couvent ; il y en a dix qui on suivi ces cours ; mais aucune n'a voulu se soumettre à l'examen: Il est une de ces religieuses à qui les leçons ont fait particulièrement du bien : elle a donné sa démission comme nonnette, elle a passé l'examen et maintenant elle est infirmière laïques. (*Rires à gauche.*)

Ne pas s'adresser aux infirmiers laïcs pour les nouveaux services, ce serait donner un camouflet aussi bien aux infirmiers capables et diplomés qui ont suivi les cours qu'à leurs professeurs ; et notez que nous avons 31 infirmiers diplomés. Nos infirmiers laïcs sont déjà très bien accueillis ailleurs : mon ami le Dr Ley, un homme de grande valeur qui nous a quitté récemment, vient de laïciser complètement l'asile d'aliénés d'Uccle qu'il dirige il a engagé vingt infirmiers hollandais et trois choisis parmi ceux qui ont suivi les cours à notre école de Stuyvenberg.

Un danger de la présence de religieuses à l'hôpital, c'est qu'elles y sont maîtresses absolues. Ce sont les sœurs qui nomment et révoquent les domestiques. *(Mouvement.)* J'ai eu aujourd'hui même encore un exemple de l'arrogance des sœurs. Un ancien vendeur de journaux, Roggeman se trouvait à l'hôpital de Stuyvenberg. A l'approche des élections, il avait fait savoir au comité libéral qu'il désirait aller voter : c'étaient toujours deux voix contre les cléricaux, « tegen de jap,» disait-il. *(Rires.)* Un membre de ce comité, M. Verheyen, vient le prendre. Roggeman demande qu'on lui donne ses habits, mais la sœur refuse de les lui donner ; on s'en va réclamer chez le directeur, mais celui-ci répond : débrouillez-vous avec la sœur. *(Exclamations à gauche).* Et bien, Roggeman n'a pas eu ses habits et il n'est pas allé voter ! *(Bruit).*

Roggeman est venu deux fois chez moi avec ses béquilles — une première fois il ne m'avait pas trouvé — pour venir me le raconter tant cet homme tenait à protester contre cet abus de pouvoir.

M. COREMANS. — Quel journal colportait-il ?

M. TERWAGNE. — La *Gazet van Antwerpen ! (Hilarité à gauche, exclamations à droite).* Il paraît que ça ne suffit pas pour vous donner tous vos apaisements ! Roggeman fut en effet jadis porteur de cette sainte feuille.

M. Ryckmans a rappelé tantôt l'intervieuw d'un administrateur des Hospices paru dans la *Chroni-*

que ; permettez-moi de dire à ce propos que je suis heureux de voir les administrateurs des Hospices parler aux journalistes : jadis ils ne jasaient pas tant, leur mutisme était leur force et quand un employé s'avisait de parler, on le révoquait... je connais,un ex-interne des hôpitaux qui en sait quelque chose.

Voici ce que dit l'administrateur d'après la *Chronique* :

Cela veut-il dire que nous sommes certains d'avoir pour cela 35 bons infirmiers et infirmières ? A coté du diplome, il y a le désintéressement aux malades, le dévouement, l'abnégation de soi-même ; il est probable que beaucoup d'entre eux possèdent ces qualités ; peut-on affirmer qu'ils les possèdent tous ?

Voilà donc un administrateur des Hospices jetant, en public, le discrédit sur des gens honorables qui ont conquis un diplôme pour excercer une profession et qui sont des gens libres et instruits !

Il dit encore :

Peut-on se livrer à des essais et à des expériences dans un hopital qui abritera les malades les plus difficiles à soigner ? Si ces essais et ces expériences n'aboutissent pas, qui en aura supporté les inconvénients sinon les malades ? Avons-nous le droit de procéder à de pareilles expériences ?

Je viens de vous parler de l'essai de Brecht ; ces messieurs de la commission des Hospices ne savent donc pas qu'il y a des infirmiers laïcs à Brecht !

M. Ryckmans. — Il s'agit là de soigner des fous. Au nouvel hôpital on soignera les maladies contagieuses.

M. TERWAGNE. — La Tuberculose, qu'on soigne à Brecht, est aussi très contagieuse !

D'ailleurs, Messieurs, il ne faut pas oublier que la sale besogne, dans les hôpitaux, est faite non pas par les religieuses, comme on se l'imagine assez communément, mais par des infirmiers laïcs ; les nonnettes sont de simples surveillantes de salles.

M. VENESOEN. -- Puis je vous interrompre pendant une demi-minute ?

M. TERWAGNE. — Tantôt ! *(Hilarité).*

D'après la *Chronique*, l'administrateur a encore dit ceci :

Pourquoi changer et modifier un état de choses qui satisfait tout le monde aujourd'hui ? Le règlement d'ordre intérieur garantit la liberté de conscience des malades, et cela est le point capital. Le prêtre ne peut s'approcher de ceux qui, à leur entrée dans l'hopital se sont déclarés libres-penseurs ; les religieuses ne leur donnent pas davantage leurs soins ; nous ne pensons pas qu'il y ait eu un abus depuis des années !

Mais, Messieurs, je l'ai dit plusieurs fois au Conseil : qu'on me donne huit jours, je trouverai dans les hôpitaux tous les abus signalés il y a seize ans.

M. COREMANS. — Christophe Colomb ne demandait que trois jours pour découvrir un nouveau monde !

M. TERWAGNE. — Voulez-vous être édifiés, Messieurs, voici ce que m'écrit un homme qui se met à la disposition de l'administration communale et de celle des Hospices.

Le nommé X ...est décédé à l'Hopital Ste-Elisabeth le . . . . Il était malade payant, mais pour la commodité du service médical, s'était fait placer dans une salle commune.

Ce malade s'est plaint amèrement du service à un de ses amis qui le visitait régulièrement. Il lui a fait notamment les confidences suivantes.

Pendant son séjour d'environ six semaines en l'hôpital, il n'a pas vu une seule fois le directeur. Un de ses voisins de lit, hospitalisé depuis plus d'une année, aurait fait la même constatation.

A son arrivée, on remet à chaque malade une cuillère et une fourchette, mais pas de couteau. Le lendemain on lui sert, par exemple, une cotelette, qu'il peut déchiqueter comme il l'entend. Si le malade ne le demande pas, ou s'il n'est pas en état de procéder lui-même à ce nettoyage, ces ustensiles ne sont pas lavés.

Il se passe parfois plusieurs jours sans que le malade soit débarbouillé.

A l'heure des repas, on passe devant les lits avec les portions sur un plateau. Si le malade refuse le nourriture, personne ne s'inquète de cette abstention et ne demande au malade s'il ne désire pas autre chose.

Le médecin prescrit-il par exemple des poudres de prendre d'heure en heure : nul ne songe à les administrer au moment voulu. C'est au malade d'y veiller.

La plupart des malades, dans la salle en question, devaient conserver leur urine pour être soumise au médecin lors de sa visite. Cette urine séjournait de longues heures, parfois du jour au lendemain, dans un vase ouvert, sur chaque table de nuit. L'air en était infecté.

Les malades sont fort incommodés par le bruit qui règne dans les salles. Des enfants y circulent sans cesse, courant, jouant, se chamaillant, pleurant. On fait claquer les portes sans aucun égard pour le repos des malades. Des couloirs parviennent dans les salles des bruits de rires, de chants et même un jour les accents d'une trompette. Les infirmiers eux-mêmes se distraient bruyamment, se bousculent, se font des niches.

Une petite sonnette, au soin aigu et crispant, tirée du dehors pour donner certains signaux, retentit fréquemment.

Il y a environ trois semaines, lorsque le malade n'était nullement en danger de mort immédiat, la religieuse fit auprès de lui des démarches pour qu'il se fit administrer. Le malade s'en étant plaint à une dame qui venait le voir, celle-ci pria la soeur de cesser ces démarches, lui faisant remarquer qu'alarmer ainsi inutilement un malade, qui se fait des illusions sur son état, n'est pas faire montre beaucoup de charité chrétienne, et ajoutant que le malade entendait d'ailleurs se passer absolument des secours de la religion. Sur cette dernière déclaration, la religieuse fit demi tour, mettant brusquement fin à l'entretien.

Tels sont les faits saillants, dont, parmi beaucoup d'autres, on se souvient. Le malade, qui croyait se rétablir, projetait d'élaborer un rapport autrement documenté, à sa sortie de l'hopital.

Le respect de la vérité oblige d'ajouter qu'une plainte ayant été adressée au bureau au sujet de ce qui est dit plus haut des malades refusant la nourriture, on eut sous ce rapport maintes attentions pour le malade. A cette occasion il convient de signaler ici la complaisance et le zèle d'un des employés du bureau.

La nourriture en générale est excellente et tout ce qui concerne les médicaments, vins, réconfortants, prescrits par le médecin, à l'abri de tout reproche.

Ceci, Messieurs, pour vous montrer que si l'on voulait chercher, on trouverait constamment de ces actes de prosélytisme.

On disait tantôt qu'il y a 99 sur 100 de croyants parmi les pensionnaires des hôpitaux. Voici comment on l'établit. On demande à ceux qui entrent : « A quelle religion appartenez-vous ? — Moi ? à aucune ! — Mais enfin, vous avez été baptisé ? — Oui. — Alors vous êtes catholique ! » *(Rires à gauche)*.

UN MEMBRE A DROITE. — Cela n'est pas vrai !

M. TERWAGNE. — Si l'on ne le demande pas, c'est encore bien plus grave: je ne sais pas si l'usage existe encore, mais dans le temps les libres penseurs avaient sur leur billet de lit une marque spéciale. Alors j'ai vu souvent se produire le fait suivant. Un malade accompagné de ses parents entre à l'hôpital, au bureau d'entrée il se signale comme libre-penseur et se rend porteur de son billet à la salle désignée. La sœur alors regarde le billet avec effroi. Elle ne va pas trouver le malade mais la famille. Elle dit à ces gens : « est ce que vous savez ce que cela veut dire ? » Et l'on faisait comprendre à la famille que le malade n'aurait pas tous les soins voulus et que le personel religieux ne pourrait pas accorder ses petites attentions au malade, etc. etc., et cinq minutes après, on allait faire changer au bureau le billet marqué contre un billet propre, qui n'avait pas la barre des libres-penseurs.

M. Hendrickx. — Cela ne prouve guère la solidité des convictions du malade.

M. Terwagne. — Ce sont les ouvriers qui fréquentent les hôpitaux ; ce sont donc presque toujours des ouvriers qui sont victimes de ces actes de pression et pour ma part je ne lis jamais des plaintes à ce sujet, sans un sentiment de révolte. Ce sont ces choses-là que nous voudrions supprimer. Si des libres-penseurs commettaient des actes de ce genre, je serai le premier à protester.

M. Hendrickx. — Vous voulez bien mettre les catholiques dans l'impossibilité de faire leur devoir, voilà la vérité !

M. Terwagne. — Nous voulons la tolérance ! Vous autres, qui êtes si puissants, qui avez cette armée du clergé et de religieux, vous ne négligez aucune de ces petites occasions pour commettre un abus de pouvoir et tâcher de renforcer vos positions.

Un autre exemple : on avait laïcisé la cuisine à l'hôpital de Suyvenberg sur la proposition de notre regretté Aloïs De Pauw. Un chef cuisinier dirigeait ce service à la satisfaction générale.

Mais dès lors, le couvent n'avait plus la haute main dans la cuisine ; or dans les couvents aussi bien que chez les socialistes, on connaît l'importance de la question du ventre, de la question économique. *(Hilarité.)*

Les acteurs de ces faits sont encore à Anvers. Voici ce qui se passa : les médecins prescrivaient à certains malades du consommé; ils demandaient à la sœur : « Est-ce que le malade a reçu du consommé ? — Non, Monsieur. — Pourquoi pas ? — Mais parce qu'il n'y avait pas de consommé à la cuisine, disait le sœur. » Le médecin se rendait à la cuisine et le chef de cuisine lui répondait : « Mais il y en a, du consommé, en voilà toute une cuve ; mais on ne nous en demande jamais et la sœur qui doit faire les billets de cuisine, n'en inscrit pas ! *(Exclamations.)* On a tant fait que le chef a donné sa démission et la cuisine de l'hôpital de Stuyvenberg est en ce moment aux mains des religieuses. Si nous voulions examiner pourquoi le couvent tient tant à avoir la cuisine de l'hôpital, nous trouverions des raisons bien intéressantes.

Les Réformes

La population a manifesté par ses votes qu'elle entend rester dans la tolérance et la population ne verrait pas d'un mauvais œil que nos hôpitaux eussent un personnel instruit,comme on en trouve dans baucoup d'hôpitaux étrangers. Allez voir à Rotterdam : vous y trouverez un personnel d'élite dans les hôpitaux. Le Dr Sano, qui a publié dans le Bulletin de la Société de Médecine un rapport des plus intéressants sur l'hôpital de Rotterdam, fait de ce personnel laïc un brillant éloge. Mais il faut dire que ces établissements on fait une situation aux infirmiers ; il faut que l'emploi nourrisse son homme, qu'il soit bien payé et laisse quelques loisirs, enfin qu'il devienne un emploi respecté : ce n'est que de cette façon qu'on parviendra à réunir un personnel d'élite.

Les infirmiers actuels, acceptés par les nonnettes, sont des malheureux venant de la campagne, ignorants, gauches ; ils ne gagne que 25 francs par mois, sont enfermés du matin au soir, mènent une vie de reclus, une vie vraiment épouvantable et c'est ce qui amène quelquefois des accidents : on le sait bien aux Hospices, on en a vu des résultats édifiants à Ste-Elisabeth.

Mais à Rotterdam, les infirmiers sont payés et logés convenablement, ils ont une bibliothèque : je tiens d'ailleurs à la disposition des membres que la chose intéresse le rapport du Dr Sano.

Voilà donc ce qu'il faut faire chez nous : relever la profession d'infirmier en donnant plus de bien-être à ces travailleurs et en exigeant d'eux des connaissances sérieuses ; car les religieuses sont pour la plupart des incapables et sauf les dix qui ont suivi les cours, elles n'ont guère de connaissances. Réorganiser le personnel infirmier de nos hôpitaux, ce devrait être le premier acte d'une administration qui veut porter nos hôpitaux au rang des établissemnts similaires de l'étranger. Mais il faudrait aussi que la commission administrative elle-même subit des réformes ; cela est d'autant plus difficile que l'administration des Hospices est un corps qui se recrute lui-même; il faut cependant éviter que ce soient ceux qui ont voulu faire quelque chose de neuf qui s'en aillent et que ce soit le fond du panier qui reste.

Si je demande qu'un ouvrier ou un représentant de la classe ouvrière fasse partie de la commission des Hospices, je demande aussi que celle-ci ait à côté d'elle un conseil médical régulier. A Bruxelles, la commission des Hospices se réunit avec les chefs de service des hôpitaux. Notre administration des Hospices, dans la question de Lourdes, s'est réfugiée derrière l'avis d'un médecin; mais elle n'a pas toujours invoqué ni suivi l'avis des médecins : il arrivait fréquemment à l'administration de prendre des mesures contraires à l'avis des médecins ; suivant le règlement, elle devrait avoir des réunions périodiques avec les chefs de service, mais il faudrait aussi que les réunions eussent une sanction.

Certains ont pensé qu'il fallait faire entrer un médecin au conseil des Hospices ; cette solution ne serait pas sans inconvénients ; je crois que les réunions périodiques de la commission avec les médecins chefs de service auraient les meilleurs résultats.

J'appelle cependant tout spécialement l'attention sur la nécessité de réformer le service des infirmiers.

On ne pourrait plus refuser de faire cette réforme car on dispose actuellement d'un noyau d'infirmiers diplômés et éprouvés ; et j'espère bien que prochainement ces infirmiers auront ce qu'il méritent, c'est-à-dire un emploi régulier dans nos hospices.

Ce vœu se réalisera lorsqu'il entrera au Conseil des Hospices, sous forme d'un ou de deux administrateurs nouvaux, un esprit plus sain : il faut qu'on ait une bonne fois des gens qui connaissent les besoins de ceux qui font appel aux Hospices ; il faut qu'on ait des gens qui se décident à administrer réellement ; je ne dis pas qu'il n'y ait pas aux Hospices des hommes de bonne volonté, mais il ne faut pas qu'on s'imagine que, de par le fait d'être nommé, on connaisse les hôpitaux pour s'être une fois promené dans les salles.Je demande que le Conseil communal, qui a pour devoir de veiller à la bonne marche de l'administration des Hospices, tienne à cœur de faire entrer un nouvel esprit dans cet organisme. L'administration actuelle, nous pouvons la renouveler petit à petit : qu'on nous présente quelqu'un de bien intentionné, nous le nommerons.

Je ne poserai pas d'ordre du jour comme conclusion à mon interpellation.

J'ai confiance dans le Collège et j'espère qu'il nous donnera satisfaction et nous dispensera d'émettre un vœu.

L'administration des Hospices est dans une situation telle que si elle n'accepte pas de faire ce qu'il faut pour enrayer les abus, elle s'attirera des difficultés. J'espère que le Collège nous donnera satisfaction car il est responsable : si des abus sont constatés, on doit nous les signaler.

Or ceux que j'ai signalés sont tels qu'il n'y a pas moyen de les nier ; et s'ils étaient niés, je demanderais une enquête ; mais l'enquête devrait alors se faire non plus avec le concours de l'administration des Hospices, mais par le Conseil communal seul, sans aucune immixtion des intéressés.

Le Collège nous donnera raison : la classe ouvrière toute entière est intéressée à ce qu'il y ait pas d'abus aux Hospices. *(Marques d'approbation).*

A la suite de la discussion l'ordre du jour suivant fut voté par le conseil gauche contre droite.

« Considerant que des cours spéciaux ont été créés dans les hopitaux civils pour former des infirmiers et des infirmières ;

» qu'un certain nombre de personnes ont suivi ces cours et obtenu le diplome de capacité ;

» qu'en créant ces cours, l'administration des Hospices a pris l'engagement moral d'utiliser dans ses établissements les personnes diplomées ;

» que l'occasion se présente aujourd'hui de recourir à leurs capacités en les plaçant dans le nouvel asile pour aliénés et dans l'hopital pour maladies contagieuses ;

» Prie l'administration des Hospices de ne nommer dans ces établissements que des personnes munies du diplome de capacité et, si elle estime que le règlement organique des hopitaux s'y oppose, de proposer aux autorités compétentes les modifications qui lui permettent de satisfaire au vœu du Conseil. » (Applaudisements à gauche).

www.ingramcontent.com/pod-product-compliance
Lightning Source LLC
LaVergne TN
LVHW020307230826
846091LV00006B/2579

* 9 7 8 2 0 1 3 6 5 5 9 9 6 *